essentials

Essentials liefern aktuelles Wissen in konzentrierter Form. Die Essenz dessen, worauf es als „State-of-the-Art" in der gegenwärtigen Fachdiskussion oder in der Praxis ankommt. Essentials informieren schnell, unkompliziert und verständlich.

• als Einführung in ein aktuelles Thema aus Ihrem Fachgebiet
• als Einstieg in ein für Sie noch unbekanntes Themenfeld
• als Einblick, um zum Thema mitreden zu können.

Die Bücher in elektronischer und gedruckter Form bringen das Expertenwissen von Springer-Fachautoren kompakt zur Darstellung. Sie sind besonders für die Nutzung als eBook auf Tablet-PCs, eBook-Readern und Smartphones geeignet.

Essentials: Wissensbausteine aus Wirtschaft und Gesellschaft, Medizin, Psychologie und Gesundheitsberufen, Technik und Naturwissenschaften. Von renommierten Autoren der Verlagsmarken Springer Gabler, Springer VS, Springer Medizin, Springer Spektrum, Springer Vieweg und Springer Psychologie.

Thorsten Gerald Schneiders

Wegbereiter der modernen Islamfeindlichkeit

Eine Analyse der Argumentationen
so genannter Islamkritiker

 Springer VS

Thorsten Gerald Schneiders
Duisburg
Deutschland

ISSN 2197-6708   ISSN 2197-6716 (electronic)
ISBN 978-3-658-07973-4   ISBN 978-3-658-07974-1 (eBook)
DOI 10.1007/978-3-658-07974-1

Die Deutsche Nationalbibliothek verzeichnet diese Publikation in der Deutschen Nationalbibliografie; detaillierte bibliografische Daten sind im Internet über http://dnb.d-nb.de abrufbar.

Springer VS

Gedruckt auf säurefreiem und chlorfrei gebleichtem Papier

Springer VS ist eine Marke von Springer DE. Springer DE ist Teil der Fachverlagsgruppe Springer Science+Business Media
www.springer-vs.de

Was Sie in diesem Essential finden können

- Darlegung eines zentralen Verbreitungswegs von Islamfeindlichkeit im deutschsprachigen Raum
- Hinweise darauf, warum manche prominente „Islamkritiker" so umstritten sind und welche Bedeutung ihnen für die Islamfeindlichkeit zukommt
- Einblick in eine der zentralen Gesellschaftsdebatten in Deutschland, Österreich und der Schweiz
- Hilfe beim Differenzieren islamfeindlicher und islamkritischer Äußerungen
- Beispiele für typische fehlerhafte Argumentationsweisen im Zusammenhang mit Islam und Muslimen
- Einen Zugang zu den Sorgen der muslimischen Bevölkerung in Deutschland

Vorwort

Islamfeindlichkeit gehört heute zu einer der verbreitetsten Formen gruppenbezogener Menschenfeindlichkeit in Deutschland, wie diverse empirische Studien belegen. Dabei profitiert die Islamfeindlichkeit von einem entscheidenden Momentum: dem Aufeinandertreffen von gesellschaftlichen Tendenzen zur Ausgrenzung von Minderheiten und der gestiegenen Zahl an Gewalttaten, die im Namen der Religion des Islam verübt werden. Durch dieses Momentum hebt sich die Islamfeindlichkeit von anderen Formen gruppenbezogener Menschenfeindlichkeit ab – nicht in der Sache, aber in der äußeren Wahrnehmung. Es wird schwieriger, Islamfeindlichkeit als solche immer eindeutig zu markieren. Islamfeinde verweisen im Zweifelsfall auf Terrorakte oder Ehrenmorde und reklamieren für sich, bloß legitime Kritik an solchen Taten zu üben. So kaschieren sie ihre ursprüngliche Absicht, Muslime bzw. ihren Glauben pauschal abzuwerten.

Diese verbrämte Islamkritik wurde seit Mitte der Nullerjahre des 21. Jahrhunderts zum zentralen Vehikel für den Transport islamfeindlicher Einstellungen in die Mitte der Gesellschaft. Es bildete sich ein kleiner Zirkel heraus, dessen Mitglieder irrationale Ängste und Vorurteile gegenüber Muslimen schürten, insbesondere indem sie Gewalttaten als im Kern des Islam ideologisch verankert darstellten. Diese monokausale „Kritik" stieß bei einem erheblichen Bevölkerungsanteil quer durch alle Gesellschaftsschichten auf Anklang. Förderlich waren dabei die jeweiligen Biografien dieser so genannten Islamkritiker (vor allem deren familiäre Herkunft, aber auch berufliche Tätigkeiten und soziales Umfeld), die sie nach klassischem Verständnis von Fremdenfeindlichkeit (Muslime in Deutschland haben überwiegend einen ausländischen Familienhintergrund) weitgehend unverdächtig erscheinen ließen. Mithin wurde ihnen eine breite Bühne in den Medien geboten in Form von Interviewanfragen, Möglichkeiten zu Gastbeiträgen oder durch Buchbesprechungen. Führende Politiker sprangen diesen „Islamkritikern" zur Seite und ließen sich von ihnen beraten, angesehene zivilgesellschaftliche Institutionen zeichneten sie mit Preisen für ihre „mutigen Worte" aus, Intellektuelle verteidigten ihre Ausführungen. Für einen gewissen Schock sorgte dann 2011 in Norwegen der islamfeindliche Terroranschlag von Oslo und Utøya, bei dem 77 Menschen getötet wurden. Der Attentäter hatte im Vorfeld ein 1500 Seiten starkes Manifest verfasst, in dem er seine Weltanschauung niedergelegt hat. Darin nimmt er unter anderem inhaltlich Bezug auf einen der so genannten Islamkritiker in Deutschland: den Journalisten und Buchautoren Henryk M. Broder.

Um verbrämte Formen der Islamkritik zu identifizieren, müssen angesichts der teilweise positiven Resonanz also gewisse soziale Widerstände überwunden werden. Als weiterer Erschwernisfaktor kommt hinzu, dass das Momentum des Aufeinandertreffens von gesellschaftlichen Ausgrenzungstendenzen und der gestiegenen Zahl an Gewalttaten im Namen der Religion des Islam bei allen Überlegungen zu berücksichtigen ist. Der vorliegende Beitrag hat vor diesem Hintergrund einige zentrale Protagonisten dieser frühen so genannten Islamkritik ausgewählt und ihre Darlegungen und Äußerungen analysiert.

Um den Text auch für ein breiteres Publikum zu öffnen, wurden die Anmerkungen zur Methodik auf das Notwendigste beschränkt. Gleichzeitig orientieren sich die Ausführungen insgesamt eher an einem essayistischen als an einem wissenschaftlichen Stil.

Diese Untersuchung beabsichtigt nicht, Kritik am Islam zu unterbinden. Vielmehr geht es um das Bemühen, eine Trennlinie zwischen Islamkritik und Islamfeindlichkeit einzuziehen, mit dem Ziel, die Islamfeindlichkeit zurückzudrängen und Raum für eine konstruktive Islamkritik zu schaffen. Für diesen Ansatz steht auch das von mir konzipierte und herausgegebene Buchprojekt, aus dem dieser überarbeitete Beitrag entnommen ist. Es wurde mit zahlreichen renommierten Fachleuten erarbeitet und besteht im Kern aus zwei komplementären Bänden. Der erste Band befasst sich mit den Erscheinungsformen von Islamfeindlichkeit in Deutschland und geht dabei sowohl auf die Vergangenheit als auch die Gegenwart ein. Er heißt: „Islamfeindlichkeit, wenn die Grenzen der Kritik verschwimmen". Der zweite Band versucht aufzuzeigen, wie eine ehrliche Islamkritik aussehen kann, eine, die theologische Debatten anstößt und auf Verbesserungen innerhalb der muslimischen Gemeinschaft abzielt, und nicht auf die Überwindung der islamischen Glaubensüberzeugungen oder die Ausgrenzung und Marginalisierung der Muslime. Auch hierbei müssen soziale Widerstände überwunden werden. Nicht zuletzt als (Trotz-)Reaktion auf die verbreitete Islamfeindlichkeit gibt es Tendenzen in der Gesellschaft, alles Islamische einer Kritik weitgehend zu entziehen und die Religion auf diese Weise zu verherrlichen. Dabei werden beispielsweise etwaige Gewalttaten allein mit dem Hinweis abgetan, sie hätten mit dem (wahren) Islam nichts zu tun. Dieser zweite Band hat somit den Titel bekommen: „Islamverherrlichung. Wenn die Kritik zum Tabu wird". Er zeigt Kritikpunkte auf und gibt

Beispiele, wie Islamkritik im positiven Sinn aussehen kann. Schließlich entstand ein drittes Buch. Dabei handelt es sich um eine Art Synopse, die ausgewählte Aufsätze der ersten beiden Bände gegenüberstellt und mit neuen, zusätzlichen Texten verbindet. Der Titel hier lautet: „Verhärtete Fronten. Der schwere Weg zu einer vernünftigen Islamkritik". Alle drei Bände sind in den Jahren 2009 bis 2010 zum Teil bereits in zweiter Auflage bei Springer VS (vormals VS Verlag für Sozialwissenschaften) in Wiesbaden erschienen.

Inhaltsverzeichnis

Einleitung

1

Eines fällt beim Blick in das „islamkritische" Schrifttum des deutschsprachigen Raums schnell auf: Die erste Garde der so genannten Islamkritiker bildet einen gut vernetzten Zirkel. Die meisten Protagonisten schätzen sich, stehen füreinander ein und verweisen aufeinander. In Interviews, Diskussionsbeiträgen und Schriften sind sie einer dem anderen Gewährsmann, Inspirationsquelle und Vorbild. Das gilt etwa für Mina Ahadi, Henryk Broder, Ralph Giordano, Necla Kelek, Alice Schwarzer, Udo Ulfkotte oder Leon de Winter, aber auch für Internetseiten wie *Akte Islam*, *Bürgerbewegung Pax Europa* (ein Zusammenschluss der Vereine *Bundesverband der Bürgerbewegungen* und *Pax Europa*), *Die grüne Pest, Gudrun Eussner* oder *Politically Incorrect* (kurz: *PI*), um nur einige aufzuzählen.

Weiterhin fällt auf, dass unter den genannten Personen niemand eine theologische oder islamwissenschaftliche Ausbildung absolviert hat, dass sie das aber gleichwohl nicht davon abhält, explizit theologische oder islamwissenschaftliche Einschätzungen abzugeben. Auch ist nicht bekannt, dass einer unter ihnen die arabische Sprache als Basis für unabhängige und sachliche Auseinandersetzungen mit der Religion des Islam beherrscht. Mina Ahadi, Necla Kelek und Udo Ulfkotte können aus Erfahrung über Muslime berichten, weil sie in einem islamischen Umfeld geboren wurden oder längere Zeit dort gelebt haben, zu qualifizierten theologischen Aussagen befähigt sie das freilich nicht. Bei Henryk Broder, Ralph Giordano, Alice Schwarzer und Leon de Winter gibt es außer ihrem mehr oder weniger plötzlich aufgekeimten persönlichen Interesse keine weitere ersichtliche Querverbindung zur Religion des Islam.

Obwohl man also bei den meisten der so genannten Islamkritiker vorab erhebliche Zweifel an der sachlichen Fundierung ihrer Argumente und ergo ihrem Inte-

© Springer Fachmedien Wiesbaden 2015
T. G. Schneiders, *Wegbereiter der modernen Islamfeindlichkeit,* essentials,
DOI 10.1007/978-3-658-07974-1_1

resse an einer konstruktiven Auseinandersetzung hegen darf, kommt man an ihnen kaum vorbei. Dank der Medien, die ihnen regelmäßig eine Plattform bieten, dank ihrer Publikationen und ihrer Internetaktivitäten finden sie bei der Einschätzung der Religion des Islam in der Öffentlichkeit immer wieder Gehör. Darüber hinaus wirken sie mit ihren Schriften und Äußerungen konkret auf die Politik ein. Das gilt insbesondere für Necla Kelek. Sie unterstützte unter anderem die Erarbeitung des höchst umstrittenen, ausdrücklich an Muslime gerichteten „Gesprächsleitfadens für die Einbürgerung" in Baden-Württemberg (Shakush 2010, S. 383 f.) und war Mitglied im Beraterkreis zur „Integration von Muslimen" des Landesinnenminister von Niedersachen Uwe Schünemann. Der juristische Vorstoß für ein Verbot von religiös motivierten Jungen-Beschneidungen 2012, der schließlich durch eine Klarstellung des Bundestags gestoppt wurde, ist auch von Kelek inspiriert gewesen. Der Strafrechtler Holm Putzke, der zusammen mit seinem Mentor Rolf Herzberg maßgeblich an der Ausarbeitung eines Verbots gearbeitet hatte, schreibt: „Unter anderem aus der Lektüre des Buchs von Necla Kelek *Die verlorenen Söhne* entstand der Wunsch von Rolf Herzberg, sich mit den dort angesprochenen Themen näher zu befassen." (Putzke 2014, S. 324)

Mögen die einzelnen Protagonisten am Ende auch unterschiedliche Ziele mit ihrem Wirken im Sinn haben, auf dem Weg dorthin finden sie in der Auseinandersetzung mit dem Islam zueinander. Das gilt sowohl inhaltlich als auch methodisch. Um Ansichten zu verdeutlichen, werden Verallgemeinerungen getroffen, fragwürdige Vergleiche herangezogen, Vorfälle aufgebauscht, kurz: Ängste geschürt. Dahinter scheint eine einheitliche Strategie zu stehen: Nämlich, um mit Ralph Giordano zu sprechen, der Gesellschaft klar zu machen: „Der Islam ist das Problem!" (*Der Stern*, 23.8.07; *Cicero*, 10/2007; *FAZ*, 2.3.08; *Die Welt*, 20.9.08) Zugleich versuchen die „Islamkritiker", Menschen, die andere Auffassungen vertreten, zu diffamieren und der Lächerlichkeit preis zu geben. Ein beliebtes Instrument ist daher die Polemik.

Was ist Polemik? Zunächst bedarf es für eine Polemik eines Meinungsstreits (Strauss 1989; Scheichl 2007). Zwei Parteien vertreten gegensätzliche Auffassungen über eine politische, religiöse, künstlerische oder wissenschaftliche Angelegenheit. In der Regel wird die andere Seite personalisiert, auch wenn die Urheber meist betonen, dass es eigentlich um die Prinzipien gehe (Strauss 1989, S. 296). Die Auseinandersetzung wird mit den Mitteln der öffentlichen Rede oder der Verbreitung von Texten ausgetragen. Die Grundbedeutung von Polemik ist nun eine „aggressive, auf Bloßstellung und moralische oder intellektuelle Vernichtung abzielende, gleichwohl argumentierende Kritik" am Kontrahenten (Scheichl 2007, S. 117). Polemik geht häufig einher mit „scharfen (persönlichen) Angriffen oder emotionalen Ausfällen und oft mit unsachlichen Argumenten" (Strauss 1989,

S. 295 f.). Sie arbeitet mit Überspitzungen, Ironie, Sarkasmus, Pathos, Beschimpfungen, Anspielungen auf die Körperlichkeit des Gegners oder Verballhornungen seines Namens. Ziel ist, den Leser oder Zuhörer spontan zur Ablehnung der gegnerischen Positionen zu veranlassen (Scheichl 2007, S. 118). Es geht ihr also mitnichten um Kompromisse. Bezogen auf die so genannten Islamkritiker in Deutschland ist daher die Frage zu stellen: Wenn es mit Blick auf Muslime nicht um Ausgleich, um Kompromisse geht, um was dann? Was ist die konkrete Schlussfolgerung aus einer Erkenntnis, die da lautet: „Der Islam ist das Problem"?

Der frühere Vorsitzende der Deutschen Bischofskonferenz, Kardinal Lehmann, warnte vor Polemik. Es bestehe die Gefahr, erklärte er, dass man sich bei den „Auseinandersetzungen um konsensfähige politische und gesellschaftliche Lösungen sehr polarisiert, konsensunfähig wird und so nachher vor einem regelrechten Scherbenhaufen steht." (*Hamburger Abendblatt*, 9.1.08).

1.1 Diskussion der Begriffe

Islamfeindlichkeit und Islamkritik

Es gibt Alternativen zum Begriff Islamfeindlichkeit. Zu den am weitesten verbreiteten Termini (speziell im angloamerikanischen Sprachraum) gehört „Islamophobie". Diese Wortwahl ist allerdings aus zwei Gründen unglücklich gewählt:

1. Die Bezeichnung ist irreführend, weil sie suggeriert, dass das Phänomen lediglich auf Ängste und Unwissenheit zurückzuführen sei. Bei einer Vielzahl von Menschen beruht die Haltung jedoch auf weltanschaulichen oder religiösen Überzeugungen. Ihr Denken und Handeln erfolgen bewusst und zielorientiert. Unter diesen Menschen sind durchaus Islam-Kenner. Die Spanne reicht von interessierten Laien bis hin zu Personen, die in diesem Bereich wissenschaftlich ausgewiesen sind.
2. Die Bezeichnung „Islamophobie" dient als Kampfbegriff. Auf der einen Seite wird sie bisweilen als Totschlag-Argument benutzt, um kritische Auseinandersetzungen mit der Religion des Islam zu unterbinden. Auf der anderen Seiten taucht sie wiederum als Instrument auf, um islamfeindliche Haltungen gegen Angriffe von außen zu verteidigen. Im Sinne einer Opferumkehr wird dabei jede Kritik an so genannten Islamkritikern als Versuch der Diffamierung gewertet, weil sie angeblich nur auf einem konstruierten, irrationalen Konzept – nämlich dem der „Islamophobie" – gründe. Dahinter steht die Vorstellung, dass es so etwas wie Islamfeindlichkeit gar nicht gebe bzw. deren Ausmaße irrelevant seien.

Auch Bezeichnungen wie Antimuslimismus, Muslimenfeindschaft oder antimuslimischer Rassismus eigenen sich nicht zur Kennzeichnung des Gesamtphänomens. Sie greifen zu kurz. Sie beschreiben lediglich Teilbereiche, indem sie die soziologische Komponente der Abwertung von Menschen aufgrund ihrer Religion in den Vordergrund rücken. Hinter dieser Wortwahl steht der Versuch, eine Unterscheidung zwischen Muslimen und Islam zu treffen unter anderem aufgrund der Überlegung, dass man den Islam rundweg ablehnen könne, ohne gleichzeitig allen Muslimen feindlich gesinnt zu sein. Diese Unterscheidung ist jedoch ein Konstrukt. Der Hass auf „den" Islam ist zu fest mit der Ablehnung von Muslimen als Gesamtgruppe verwoben, als dass er sich auflösen ließe. Wer den Islam beispielsweise als barbarische Ideologie, als Krankheit oder ähnlich bezeichnet, wird kaum in der Lage sein, dessen Anhängern auf Augenhöhe zu begegnen. Nicht alle Arbeitgeber, Lehrer, Polizisten, Behördenvertreter und andere, die den Islam derart einschätzen, werden gläubigen Muslimen im Alltag immer neutral begegnen können. Pauschalkritik an einer Religion befördert automatisch Vorbehalte gegen deren Anhänger. Die enge Verknüpfung von ablehnenden Haltungen zum Islam und zu Muslimen lässt sich auch daran ablesen, dass Kritik an der Religion meistens an Verhaltensweisen konkreter Einzelpersonen oder Teilgruppen festgemacht wird. Auch stellt sich die Frage, wie man explizit gegenüber Muslimen feindlich sein kann, ohne dies auf eine ablehnende Haltung zu ihrer Religion zu gründen?

Für sich selbst kann und darf jeder den Islam als Religion ablehnen und sogar hassen. Hier spielt es keine Rolle, dass man die Trennlinie zwischen Islam und Muslimen nicht beibehalten kann. Anders ist das, wenn aus einer solchen Haltung heraus, gesellschaftlich interagiert wird.

Statt mit den Begriffen Islamophobie, Antimuslimismus, Muslimenfeindschaft oder antimuslimischer Rassismus sollte man zur Kennzeichnung des Gesamtphänomens daher besser mit dem Terminus Islamfeindlichkeit operieren. Diesem möchte ich folgendes Verständnis zu Grunde legen: Islamfeindlichkeit ist die Instrumentalisierung von undifferenzierter Kritik an der Religion des Islam und deren Anhängern zum Zwecke der Verfolgung eigener, oftmals ideologischer Interessen. Der Prozess manifestiert sich durch direkte Gewalt oder durch Agitation gegen Personen, Symbole und Heilige Texte. Auf der argumentativen Ebene sind die Grenzen zur Sachlichkeit bisweilen fließend, sodass man von Fall zu Fall überlegen muss, ob eine Äußerung lediglich als kritisch oder als feindlich einzuschätzen ist.

Vor diesem Hintergrund kann eine „vernünftige" Islamkritik nur die sachliche Auseinandersetzung mit einzelnen Aspekten dessen sein, was zum Islam gezählt wird. Die oberste Prämisse für Sachlichkeit ist in diesem Fall, dass die Kritik die Vielfalt der islamischen Lebensweisen realisiert und keiner Pauschalisierung anheim fällt. Dabei ist es wichtig, sich zu vergegenwärtigen, dass es seit dem Tod des Propheten Muhammad weder einen universalen Konsens in Glaubensfragen gibt noch eine übergeordnete religiöse Instanz, die diese allgemeingültig – vergleichbar etwa mit dem Vatikan im Katholizismus – beantworten könnte. Mithin gibt es nicht eine wahre islamische Lehre, sondern zu allen Aspekten unterschiedliche, teils kontroverse Auffassungen. Die Reichhaltigkeit an verschiedenen Auffassungen seit der Entstehung der Religion macht es unmöglich, bezogen auf die Historie oder die heutige Gesellschaft von „dem" Islam und „den" Muslimen zu sprechen. Schon allein der Gebrauch des Wortes „Islam" birgt ein sprachliches Problem. Man müsste zunächst einmal definieren, was damit überhaupt gemeint ist. „Islam" ist insofern ein Ausnahmefall, als dass der Begriff sowohl eine Religion als auch einen Kulturraum (die „islamische Welt") benennt. Kulturell haben die muslimischen Völker Europa zweifelsohne beeinflusst: ideell vor allem durch wirtschaftlichen, politischen und geistigen Austausch, materiell vor allem durch die Jahrhunderte lange Herrschaft islamisch geprägter Völker in Südeuropa. Theologisch lässt sich dagegen allenfalls eine geringe Beeinflussung ausmachen, wenn auch nicht ganz abstreiten; erinnert sei etwa an die christlichen Polemiken gegen den Koran oder den Propheten Muhammad – und im Gegenzug selbstverständlich an die islamischen Polemiken gegen die Dreifaltigkeit oder die Jungfrauengeburt.

Neben dem Bewusstsein für die Vielfältigkeit setzt vernünftige Islamkritik das Bemühen um die Einhaltung allgemeiner Verfahren und Verpflichtungen der rationalen Argumentation voraus. Argumente sollten nachvollziehbar und überprüfbar sein. Es müssen alle Argumente zugelassen werden. Von rhetorischen Verschleierungen ist abzusehen. Die Pflicht zur Unvoreingenommenheit wird akzeptiert und die Argumentationskette sollte lückenlos sein.

Schließlich zielt vernünftige Islamkritik darauf ab, Veränderungen innerhalb eines bestehenden Systems anzuregen, im Gegensatz zur Radikalkritik, die es auf die Umwälzung der bestehenden Grundordnung anlegt. Damit ist nichts über die rechtliche Legitimität des jeweiligen Vorgehens gesagt, sondern lediglich etwas über den gesellschaftlichen Nutzen. Strategien, die auf die Überwindung des Glaubens von mehr als 1,5 Mrd. Menschen aus sind, sind illusorisch und nicht hilfreich. Zumindest grob fahrlässig müssen im Hinblick auf die historischen Erfahrungen Versuche gewertet werden, aus ideologischen Erwägungen Nicht-Muslime gegen Muslime gegeneinander in Stellung zu bringen.

Unter den entsprechenden Voraussetzungen darf dann aber nichts der Kritik entzogen werden. Nichts ist sakrosankt. Alle religiösen Textquellen einschließlich Koran und Hadith, die gesamte geschichtliche Entwicklung, das Verhalten sowohl von einzelnen Gläubigen wie von größeren Gruppen, all das kann Gegenstand vernünftiger Kritik sein. Diese trotzdem als islamfeindlich zu brandmarken, nimmt Anklang an fundamentalistischem Denken.

Die so genannten Islamkritiker

Es ist bereits mehrfach die Umschreibung ‚so genannte Islamkritiker' benutzt worden bzw. der Begriff Islamkritiker wurde in Anführungszeichen gesetzt. Es gibt Personen, die sich weder eindeutig als islamfeindlich bewerten lassen, noch um eine objektive und konstruktive Kritik bemüht sind bzw. denen aufgrund wiederholt unsachlicher Äußerungen unterstellt werden muss, dass sie mit ihrer Kritik politische oder persönliche Ziele verfolgen. In öffentlichen Diskursen werden sie ungeachtet dessen schlicht als Islamkritiker bezeichnet. Diese Wortwahl wertet aber Islamfeinde mitunter auf und diskreditiert gleichzeitig Menschen, die sich um ernsthafte Kritik an der Religion des Islam bemühen. Daher ist es geboten, jene Personen, die sich zwischen Islamfeindlichkeit und Islamkritik bewegen, sprachlich abzugrenzen. Diese Abgrenzung ist nicht einfach, solange jemand seine Absicht nicht eindeutig benennt oder sein Verhalten sich inkongruent zur Absichtserklärung erweist. Letzteres bezeugt etwa Ralph Giordano, indem er zwar mehrfach betont, kein „Anti-Muslim-Guru" zu sein, gleichzeitig aber auf der pauschalen Aussage beharrt: „Der Islam ist das Problem." Da vom Grundsatz her auch mit islamfeindlichen Haltungen eine Form von Islamkritik betrieben wird – wenn auch illegitim – und sich zugleich in vielen strittigen Ausführungen legitime Kritik findet, ist eine völlig neue Bezeichnung für diese umstrittenen Personen nicht unbedingt hilfreich. Deshalb und weil der Begriff Islamkritiker bereits von vielen benutzt wird, habe ich habe mich dafür entschieden, das Hauptwort beizubehalten, es aber durch den Zusatz „so genannte" bzw. durch Anführungsstriche einzuschränken und dadurch abzuheben.

Für das Handeln so genannter Islamkritiker sind viele Beweggründe denkbar. Über den Wunsch nach Kritik an der Auslegung islamischen Schrifttums (speziell der extremistischen und reaktionären Varianten) können das insbesondere Atheismus, Selbstdarstellung, private Leidensgeschichten, Zukunftsängste, (neo-)konservative Überzeugungen, persönliche Animositäten, Chauvinismus, Xenophobie, Rassismus sein. Wie die Ausführungen so genannter Islamkritiker teils *expressis verbis*, teils latent erkennen lassen, projizieren sie ihre Emotionen, ihre eigene Negativität, ihre Angst vor der Erfolglosigkeit ihrer politischen Überzeugungen auf den Islam(ismus) und seine Anhänger beziehungsweise auf all die Personen, die in Fragen des Islam andere Auffassung vertreten als sie selbst (zur psychologischen Dimension dieses Verhaltens siehe Schmitz und Prechtl 2001, S. 70 f.; Wirth 2007).

Diesem Beitrag liegt auf der Basis der vollzogenen Analysen die Annahme zugrunde, dass es in Deutschland eine informelle Gruppe so genannter Islamkritiker gibt, die sich aufgrund islamfeindlicher Positionen zusammenfindet. Die Annahme basiert auf vier Punkten.

1. Ihre Ausführungen sind durch ein Grundmuster an fehlerhaften Argumentationstechniken geprägt; wie im Folgenden zu sehen sein wird.
2. Es lässt sich auf Basis von Punkt 1. postulieren, dass mit ihrer „Islamkritik" eine politische oder persönliche Strategie verfolgt wird.
3. Sie benutzen dieselben typischen Kampfbegriffe wie Taqiyya[1], Eurabia, Dhimmi[2], Gutmenschen[3], Großmoschee etc. und dieselben Topoi: stets beleidigte Muslime, massenhafter Ausschluss muslimischer Mädchen vom Schwimmunterricht, falsche Toleranz der Deutschen, Ausländerbonus bei der deutschen Justiz und andere mehr.
4. Sie verweisen in Argumentationsführungen auffallend oft und mitunter ausschließlich aufeinander.

1.2 Methodik

Für den folgenden Beitrag wurden schriftliche und mündliche Ausführungen (Bücher, Aufsätze, Reden, Interviews) von Laienvertretern der so genannten Islamkritik (ohne islamwissenschaftliche/theologische Ausbildung) ausgewählt. Dabei handelt es sich um Ausführungen mit eindeutigem thematischem Bezug zur Religion des Islam, die überwiegend in den Jahren 2004 bis 2008 erschienen sind, ein Zeitraum, den ich als Frühzeit der so genannten Islamkritik betrachte. Die Personen, die ausgewählt wurden, sind Mina Ahadi, Henryk M. Broder, Ralph Giordano, Necla Kelek, Alice Schwarzer, Udo Ulfkotte und Leon de Winter. Die Auswahl dieser so genannten Islamkritiker drängte sich aufgrund ihres umstrittenen öffentlichen Auftretens mehr oder weniger auf. Zudem wurde die Internetseite *Politically Incorrect* ausgewählt, die im Zusammenhang mit der hier behandelten The-

---

[1] *Taqiyya* (wörtl. Vorsicht, Furcht [vor Gott]) bezeichnet nach schiitischer Lehre ein theologisches Prinzip, wonach man seinen Glauben zum Schutz der eigenen Person oder der eigenen Familie verheimlichen oder verleugnen darf, vgl. Egbert 1980; Strothmann/Djebli 2000. So genannte Islamkritiker benutzen den Begriff, um missliebige (liberale) Muslime der Lüge und Täuschung zu zeihen.

[2] *Dhimmī* (wörtl. Schutzbefohlener) ist nach klassisch-islamischem Recht eine Bezeichnung vor allem für Christen und Juden, die zur Zahlung einer Kopfsteuer (arab. *djizya*) herangezogen wurden; vgl. Cahen 1965. So genannte Islamkritiker verwenden den Begriff abschätzig für Nicht-Muslime, die sich nicht mit der gebotenen kompromisslosen Härte gegen Muslime oder deren Ansichten stellen.

[3] Der „Sprachdienst" (1998, Heft 2) beschreibt den Begriff als Schmähwort „zur Stigmatisierung des Protests" und „zur Diffamierung des moralischen Arguments"; vgl. Friedmann 2007.

matik im deutschsprachigen Raum die größte Reichweite erzielt. Im Sinne einer Kontrollfunktion wurden die Ausführungen der Niederländisch-Somalierin Ayaan Hirsi Ali berücksichtigt, die ebenfalls im Untersuchungszeitraum eine führende Position als so genannte Islamkritikerin einnahm, im deutschsprachigen Raum aber mit Ausnahme der Übersetzung ihrer Bücher eher weniger aktiv war.

Die ausgewählten Quellen wurden dann mittels einer Diskursanalyse untersucht und miteinander verglichen. Dabei stand nicht die inhaltliche Richtigkeit der Äußerungen im Vordergrund, sondern die Argumentationstechnik. Die fehlerhaften Techniken wurden herausgearbeitet, geordnet und zusammengestellt. So entstanden verschiedene Kategorien, die im Folgenden dokumentiert und erläutert werden.

Nicht alle aufgeführten fehlerhaften Argumentationstechniken finden sich zwangsläufig in jedem untersuchten Text wieder. In der Regel wird aber mit einer signifikanten Auswahl (≥ 3) aus dem Fundus verfahren. Manchmal sind die Grenzen zwischen den einzelnen Techniken fließend.

Strategien und Techniken der Argumentation

2

2.1 Aneinanderreihung von Negativbeispielen

Auf diesem Argumentationsprinzip basiert unter anderem *Politically Incorrect*. Ursprünglich durchforsteten Nutzer dieses Weblogs täglich das weltweite Internet- und Medienangebot nach Verbrechen, Vergehen und Verfehlungen von Muslimen und vermeintlichen Muslimen. Das tun sie zwar immer noch, aber mittlerweile finden auch wahllos Meldungen Eingang, die irgendwie mit Muslimen, mit Türken, Arabern, Bosniern *et cetera* zu tun haben: etwa dass ein Türkischstämmiger im ARD-Krimi *Tatort* die Hauptrolle übernimmt oder zum Parteivorsitzenden der Grünen gewählt wurde (*pi-news.net* 26.10.08, 18.11.08). Die gefundenen Beispiele werden in Form von Beiträgen mit skandalisierendem Tenor aufbereitet, aufgelistet und anderen (meist gleich gesinnten) Besuchern der Internetseite zum Kommentieren freigegeben. So entsteht ein völlig unrealistisches und diskriminierendes Bild einer Gruppe von Menschen. Dieselbe Strategie, die sich auch problemlos auf vergleichbar große Gruppen wie Christen oder Hindus übertragen ließe, verfolgen andere Blogs. In gedruckter Form findet sich eine ähnlich perfide Auflistung von Negativbeispielen insbesondere bei Udo Ulfkotte (2008, 2009), aber auch bei Henryk Broder (2006) oder Necla Kelek (2006).

© Springer Fachmedien Wiesbaden 2015
T. G. Schneiders, *Wegbereiter der modernen Islamfeindlichkeit*, essentials,
DOI 10.1007/978-3-658-07974-1_2

2.2   Beleidigen, herabwürdigen, verspotten

Ralph Giordano diskreditiert Aussagen seiner Gegner etwa im Streit um den Bau
einer Moschee in Köln-Ehrenfeld immer wieder und sogar meist im selben Wortlaut als „Chefanklage deutscher Umarmer, Gutmenschen vom Dienst, Multikulti-
Illusionisten, xenophiler Einäugiger und unbelehrbarer Beschwichtigungsdogma-
tiker." (*hpd*, 2.6.08; siehe auch 17.9.07; *FAZ online*, 20.9.08; *Die Welt*, 25.10.08).
Henryk Broder ist berüchtigt für seine Schmähungen. Mehrfach musste sich der
Börne- und Hildegard-von-Bingen-Preisträger deswegen schon vor Gericht ver-
antworten: 2008 machte ein Verfahren wegen Äußerungen über eine transsexuelle
Journalistin Schlagzeilen (*Westfalen-Post*, 29.5.08; *SZ*, 29.5.08). Broder schrieb
u. a., die Frau sei ein „antisemitischer Schlamperich" (Broder 2005), „der/die nicht
weiß, ob er/sie sich zum Pinkeln hinstellen oder hinhocken soll." (Broder 2005a).
Im Weblog *Politically Incorrect*, über das Broder sagt, man könne darüber sehr ge-
teilter Meinung sein (*achgut.com*, 31.5.08), sprechen die angemeldeten Benutzer
offen von „Musels", „Muselpack", „Drecksmoslems", „Kameltreiber", „Ziegenfi-
cker", „Schleierschlampen" oder spotten über „Kültürbereicherer". Udo Ulfkotte
macht sich über die „Anhänger der ‚Religion des Friedens'" (2009, S. 279) und
über „unsere zugewanderten Freunde" (2009, S. 276) lustig. In offenkundig pejo-
rativer Absicht spricht er zudem im Kontext von Straftaten immer wieder ostenta-
tiv von „unseren Mitbürgern" (2009, S. 275 ff.).

2.3   Vorurteile und Pauschalisierung

Um das gewünschte Bild der Muslime zu verdeutlichen, werden Klischees und
Vorurteile zum Teil erschreckend unverhohlen breitgetreten. Necla Kelek rückt die
muslimischen Männer in den Bereich der Sodomie. In einem Interview mit dem
ZDF erklärt sie (wörtliche Transkription): „Ich sehe nach diesem Menschenbild,
von der ich vorhin gesprochen habe, was der Islam übrigens auch vorgibt – in der
Erziehung, da gibt es ein Menschenbild, was konstruiert ist. Die Menschen haben nicht die Fähigkeit, ihre Sexualität zu kontrollieren, und besonders der Mann
nicht, und der ist ständig eigentlich herausgefordert und muss auch der Sexualität
nachgehen. Er muss sich entleeren, heißt es, und wenn er keine Frau findet, eben
dann ein Tier [...] und das hat sich im Volk so durchgesetzt, das ist ein Konsens."
(*Forum am Freitag*, 16.7.2010)[1] In einem ihrer Bücher schreibt Kelek: „Som-

---

[1] Dieses Interview fällt nicht unmittelbar in den Untersuchungszeitraum, wird aber aufgrund
seiner Eindrücklichkeit hier trotzdem aufgeführt.

mer 2005. Die türkischen Jungen im Prinzenbad, einem Freibad in Berlin-Kreuz-
berg, [...] treten meist in Gruppen auf [...]. Was sie machen, bestimmt der Abi,
der Älteste. Alle tragen weite Shorts, [...] keiner trägt eine enge Badehose. Die
Kinder unterhalten sich nicht, sie scherzen auch nicht, sondern sie schreien (auf
Türkisch): ‚Spring, oder ich fick dich‘, [...]. Die Abis [...] sehen den deutschen
Mädels nach, kontrollieren mit routiniertem Griff den Sitz ihres Genitals." (2006,
S. 124 f.). Alice Schwarzer meint: „Das Kopftuch ist die Flagge des Islamismus"
(2006) und stilisiert damit jede Kopftuchträgerin zur gefährlichen Polit-Aktivistin,
deren Ziel die Vernichtung der säkularen Gesellschaft in Deutschland ist; denn
an gleicher Stelle betont sie, dass es die Islamisten so ernst meinen wie Hitler
(2006). Von Henryk Broder erfährt ein muslimischer Schüler mit ausländischen
Wurzeln unter anderem, dass Kinder wie er, selbst wenn sie aus „durchaus in-
takten Familien mit ‚Migrationshintergrund'" stammten, „ohne zu zögern in der
Lage sind, eine Diskussion mit einer Lehrerin mittels eines gezielten Faustschlags
für sich zu entscheiden" (2006, S. 12), dass sich das „erstaunliche Selbstbewusst-
sein der moslemischen Jugendlichen, die ihre Mitschüler ‚Nutten‘ und ‚Schweinefleischfresser‘ schimpfen, [...] nicht aus Erfolg oder Leistung, sondern aus ihrer
Gruppenzugehörigkeit", speist (S. 116) und dass das Hauptproblem seines Vaters
und anderer islamischer Männer die Verbitterung darüber [ist], „dass sie nie die
Gelegenheit haben werden, Pamela Anderson auch nur mit der Spitze des kleinen
Fingers zu berühren. Das trifft zwar auch auf die meisten europäischen Männer
zu, die ‚Bay Watch‘ schauen, aber die wissen wenigstens, dass Pamela Anderson
ein Fantasieprodukt ist. Die moslemischen Männer, die sich auf 72 Jungfrauen im
Jenseits freuen, wissen es nicht, weil sie nie gelernt haben, zwischen Wunsch und
Wirklichkeit zu unterscheiden." (S. 153 f.)

2.4   Alarmismus und Dramatisierung eines fiktiven Bedrohungsszenarios

„Ist es noch fünf vor zwölf – oder schon später? Sind die Kreuzzügler auf dem
Weg zur islamistischen Weltherrschaft noch zu stoppen – und ist die aufgeklär-
te Welt überhaupt noch zu retten?", fragte Alice Schwarzer in einem Aufsatz aus
dem Jahr 2002 (S. 10 f.). Während einige so genannte Islamkritiker angesichts
der fiktiven, wissenschaftlich nicht belegbaren „Islamisierung" – die sich etwa in
der „systematischen Unterwanderung" des deutschen Bildungs- und Rechtssys-
tems zeigen soll (Schwarzer 2007, S. 52 f., 61 f.) – den Untergang des christlichen Abendlands beschwören und von irgendeinem „Eurabia" schwadronieren
(Broder 2008a: „Wir erleben derzeit die letzten Tage Europas, das wir kennen."),

geht die Journalistin Schwarzer 2002 bereits so weit, einen Vergleich zwischen den vermeintlichen politischen Machtbestrebungen der Muslime/Islamisten in der Gegenwart und dem Beginn der nationalsozialistischen Herrschaft in Deutschland zu ziehen: „Die Parallelen zu 1933 drängen sich auf." (2002, S. 10) Ähnliches macht Ralph Giordano: Er kenne den Unterschied zwischen einem demokratischen und einem anderen Deutschland, erklärt er in einer seiner Reden und schließt mit den Worten: „Und ich will, dass es dieses demokratische bleibt." (2008) „Der Islam ist vergleichbar mit dem Faschismus", bekräftigt die frühere Medizinstudentin Mina Ahadi und warnt: „Die Polizei denkt zwar, sie habe alles unter Kontrolle, aber das sehe ich anders. Die Organisationen, die solche Morde [an Theo van Gogh] oder Terror organisieren, haben große Kapazitäten und sind europaweit vernetzt." (2007a) *Politically Incorrect* befürchtet in seinen *Leitlinien* (abger. 29.10.08), dass die circa 82 Mio. Einwohner Deutschlands, „in zwei, drei Jahrzehnten in einer [...] Gesellschaftsordnung leben müssen, die sich an der Scharia und dem Koran orientiert und nicht mehr am Grundgesetz und an den Menschenrechten." Und Udo Ulfkotte hält kurz und knapp fest: „Ein Tsunami der Islamisierung rollt über unseren Kontinent." (2007c)

In geradezu kafkaesker Manier bemüht man sich anderenorts um eine alptraumhafte Atmosphäre. Man kreiert ein anonymes, nicht greifbares aber stets präsentes Monstrum, das die Welt zu verschlingen droht. Leon de Winter hat „das Gesicht dieses Feindes" wieder erkannt: „Es ist das Böse, das [...] leider allzu vertraut ist, das immer wie ein dunkler Schatten über der jüdischen Geschichte gegangen und sich nun über den gesamten Westen ausgebreitet hat." (2004a) Weiter schreibt er: „Erneut meldet sich ein unerträglicher Gedanke: Wir Menschen im Westen haben einen Feind. Er will unseren Untergang. [...] Es ist beängstigend, dass wir, hier im freien Westen, uns nicht über die Art dieser Gefahr einig sind. Juden wissen, dass es möglich ist, kollektiv vernichtet zu werden. [...] Kurz nach dem 11. September 2001 schrieb *Le Monde*, dass wir, die Nichtamerikaner im Westen, nun alle Amerikaner seien. Nein, es ist viel schlimmer: Wir sind jetzt alle Juden."

2.5 Verzicht auf Belege und Beweise/Simplifizierung von Sachverhalten

Henryk Broder zitiert in seinem Buch *Hurra wir kapitulieren* (2006, S. 103 f.) den Schriftsteller Peter Schneider, der, wie man lesen kann, das „Abenteuer" wagte und einen „Schritt tiefer" in die muslimische Gesellschaft seines Wohnorts Berlin vordrang, anders als Leute, die die „türkisch-muslimische Lebensform" verteidigen und bislang „nur bis zum Tresen ihres Gemüsehändlers" vorgedrungen sind.

Tief „im islamischen Milieu" angekommen, stellt Schneider laut Broder „mit Staunen" fest, dass der Islamunterricht von der *Islamischen Föderation Berlin* erteilt wird (diese hatte bereits 2001 vor dem Verwaltungsgericht die Erlaubnis erstritten, auf Basis des Berliner Schulgesetzes den Unterricht in Eigenverantwortung durchzuführen). Weiter stellen Broder/Schneider fest, die Anzahl der Mädchen, die mit Kopftuch in die Schule kommen, sei „sprunghaft angestiegen". Daten und Fakten liefert Broders Buch nicht. Dennoch werden diese Erkenntnisse vor dem Hintergrund der fleißig genährten Phantasien von der schleichenden Islamisierung Deutschlands als Zeichen für die „aktive Verweigerungshaltung" der muslimischen Gesellschaft gewertet. Selbige signalisiert selbstverständlich auch Schneiders/Broders dritte Feststellung in diesem Zusammenhang: Es häuften sich Abmeldungen vom Schwimm- und Sportunterricht und von Klassenreisen. Die Mühe, nach Belegen zu suchen, machen sich Schneider/Broder auch hier nicht, anders der „Zeit"-Redakteur Martin Spiewak in einem Beitrag für die 50. Ausgabe der Wochenzeitung im Jahr 2006.[2] „Ins Schwimmen geraten" titelt das Blatt. Bei seiner Recherche zu der vermeintlich beachtlichen „Absenz muslimischer Schüler bei Sport, Aufklärungsunterricht und Klassenfahrten" stellt Spiewak nach zahlreichen Anrufen in den zuständigen deutschen Landesministerien fest: In Bremen wurden zwei Bitten um Freistellung vom Schwimmunterricht im vergangenen halben Jahr behandelt. Die Antworten der anderen Bundesländer, schreibt Spiewak, ähnelten sich bis auf den Wortlaut: Baden-Württemberg: „Kein übergeordnetes Problem", Hessen, Nordrhein-Westfalen und Bayern: „Einzelfälle", Schleswig-Holstein: „Nicht zu quantifizieren", Hamburg: „Die größten Schwierigkeiten hatten wir mit christlichen Fundamentalisten". Und Berlin? Berlin sei das einzige Land gewesen, das konkrete Zahlen zu dem „integrationspolitisch brisanten Thema" gesammelt habe. Nach Angaben des Senats ergab eine Befragung der Schulen: Im Schuljahr 2005 nahmen 68 Kinder nicht am Schwimmunterricht teil, fünf davon aus religiösen Gründen. Eine erneute Umfrage Anfang 2007 ergab: Binnen drei Monaten lagen vier Anträge auf Befreiung vom Schwimmunterricht vor. Hinweise auf Unterrichtsboykotte als fundamentalistische Volksbewegung konnte Spiewak also auch in Berlin, wo besonders viele Muslime leben, nicht verzeichnen. Nichtsdestotrotz ist die massenhafte Abmeldung muslimischer Mädchen vom Schwimm- oder Sportunterricht zu einem der Topoi der Islamkritik geworden: Schwarzer 2002a, S. 136; Kelek 2006, S. 206; Ahadi 2007; Giordano 2008; Ulfkotte 2007.

---

[2] Mit Unterstützung des Bundesministeriums des Innern/Bundesamt für Migration und Flüchtlinge und der Groeben-Stiftung hat der Interkulturelle Rat eine ähnliche Umfrage gemacht. Die Ergebnisse sind dokumentiert bei Jäger 2007.

2.6   Ausblenden von Ursachen

Kennzeichnend für Necla Keleks Arbeit ist ihr monokausaler Erklärungsansatz. Das mit dem Geschwister-Scholl-Preis prämierte Buch *Die fremde Braut* (2005) benennt ähnlich ihrem zweiten Werk *Die verlorenen Söhne* (2006), für das sie ebenfalls einen Preis, die „Corine" in der Sparte Sachbuch, erhalten hat, im Grunde nur die Religion als Ursache für die beobachteten Missstände in muslimischen Einwanderergesellschaften – eine nähere Begründung für diese Exklusivität liefert sie nicht (2005, S. 261). Zentrale Faktoren wie Bildung, wirtschaftliche Stellung, Wohnsituation, Diskriminierungserfahrung, Identitäts- oder Persönlichkeitskrisen einerseits und nationalistische respektive politische Überzeugungen andererseits – sowohl beim Einzelnen wie bei Familienangehörigen – bleiben in ihrer Argumentation weitgehend außen vor; obwohl sie Soziologin ist. Dafür berichtet sie ausführlich über die islamische Frühgeschichte, über die Prophetenbiografie und betreibt eigenständige Koranexegese (S. 148 ff., Kapitel *Der Prophet und die Frauen*); all dies sind Grundelemente einer fundierten islamwissenschaftlichen und/oder islamtheologischen Ausbildung; diese kann Kelek nicht vorweisen; üblich wäre in dem Fall, einschlägige Fachliteratur zu rezipieren, doch in beiden Büchern gibt es kaum Hinweise auf Sekundärquellen.

2.7   Desinformation

Es kann aus Unkenntnis oder aus Absicht heraus geschehen, aber an vielen Stellen werden zentrale Informationen vorenthalten. Dabei handelt es sich meist um solche, die die eigenen Argumente relativieren würden. Die Technik findet sich mehrfach in Broders *Hurra, wir kapitulieren* (2006). Auf Seite 115 ff. schildert er zwei „spektakuläre" Attacken von „arabischen" Männern und Jugendlichen auf zwei „schwarze" und einen „deutschen" Schüler, um im nächsten Absatz die Gesamtzahl der gemeldeten Fälle von Gewalt an Berliner Schulen im Schuljahr 2004/2005 zu nennen: 849. Weitere Erklärungen bleiben aus. Dem Leser wird suggeriert, Gewalt an Berliner Schulen sei ein massives Problem, das hauptsächlich von nicht deutschstämmigen beziehungsweise (arabischen=)muslimischen Tätern ausgehe und vorwiegend als Körperverletzung zum Ausdruck komme. Die Realität sieht anders aus. Unter die Gesamtzahl (die auch noch falsch abgeschrieben wurde – es waren 894 Fälle) fallen ebenso Bedrohungen, Beleidigungen, Sachbeschädigungen oder Nazi-Schmierereien. In 35,9% aller Fälle waren Personen nichtdeutscher Herkunft beteiligt – als Täter aber auch als Opfer. In Relation zur Zusammensetzung der Schülerschaft bedeutet die Zahl eine nur geringfügige Überrepräsentierung gegenüber deutschen Schülern. Bei dem am häufigsten gemeldeten Delikt, Körperverletzung, lag der Anteil von Personen nichtdeutscher Herkunft lediglich um 0,4 % höher. Insgesamt kamen in jenem Schuljahr durchschnittlich zwei (!) von tausend Berliner Schülern zu Schaden (Senatsverwaltung 2005).

2.8 Apologetik der christlich-abendländischen Kultur/ Eurozentrismus

Um Menschen von einer härteren Haltung gegenüber Muslimen zu überzeugen, versuchen einige, den Deutschen die Überlegenheit ihrer eigenen Kultur einzubläuen. Dabei geht es weniger um deren nationale als mehr um deren europäische beziehungsweise „westliche" Dimension, die allerdings in der Regel auf das Erbe des (jüdisch)-christlichen Abendlandes reduziert wird. Dabei drängt sich der Verdacht auf, dass hier ein althergebrachter Rassismus in neuem Gewand in Erscheinung tritt. Schon 1955 stellt Theodor Adorno fest, dass manche die „abendländische Kultur" an die Stelle der „weißen Rasse" gesetzt haben: „Nicht selten verwandelt sich der faschistische Nationalismus in einen gesamteuropäischen Chauvinismus [...] Das vornehme Wort Kultur tritt anstelle des verpönten Ausdrucks Rasse, bleibt aber ein bloßes Deckbild für den brutalen Herrschaftsanspruch." (1975, S. 276 f.). Meist unterschwellig, mitunter aber auch ganz unverhohlen reden so genannte Islamkritiker jenem eurozentrischen Chauvinismus das Wort. „Wir sollten die Arroganz aufbringen, unsere neuen islamischen Mitbürger Verträglichkeit, Individualität und die Rechte und Pflichten des modernen Bürgertums zu lehren", verlangt Leon de Winter. „Seit den sechziger Jahren machen wir uns selbst weis, alle Kulturen seien gleichwertig" (2004, 15.12.). Auch im Internet bemüht man sich um die Abwertung der fremden und um die (implizite) Aufwertung der eigenen Kultur oder Religion. Bei *Politically Incorrect* heißt es schlicht: „Islam ist eine freiwillige Geisteskrankheit." „Es ist müßig sich mit dieser minderwertigen ,Kultur' auseinanderzusetzen." "Islam ist menschenverachtend, frauenfeindlich, tierquälerisch, rückständig, gewaltverherrlichend – mit einem Wort: barbarisch." (,FreeSpeech' 24.1.07; ,Steppenwolf', 24.2.08; ,RDNZL', 24.3.08 in: PI-News.net)

2.9   Aufruf zum Nationalstolz und Einreden von Fremdenliebe

Eng mit der Apologetik der christlich-abendländischen Kultur sind Argumentationsstrategien verbunden, die den Deutschen vor Augen führen sollen, dass sie von einer quasi pathologischen Zurückhaltung im Umgang mit Ausländern gehemmt werden. Obwohl diese „Diagnose" vor dem Hintergrund, dass etwa jeder zweite Deutsche laut einer Studie des Instituts für Konflikt- und Gewaltforschung der Universität Bielefeld fremdenfeindliche Einstellungen pflegt (Heitmeyer 2006),[3] ziemlich bizarr erscheinen muss, erfreut sie sich bei den so genannten Islamkritikern einer gewissen Beliebtheit: „Nachdem die Nazis alles Fremde verteufelt haben, wollen die Kinder nun alles Fremde lieben, mit fest verschlossenen Augen." (Schwarzer 2004) „Es fehlt ihnen [den Deutschen] oft ein wenig von dem Selbstwertgefühl, das andere im Übermaß vor sich hertragen. Und zuweilen hindert sie dieser Mangel, unübersehbare Missstände anzuprangern, besonders wenn es um hier lebende Menschen aus anderen Kulturen geht." (Kelek 2006, S. 20) „Manchmal verstehe ich die Deutschen einfach nicht. Ich bin in der Türkei geboren und habe inzwischen einen deutschen Pass. Manchmal aber kommt es mir vor, als gehörte ich zu den ganz wenigen, die stolz darauf sind." (Kelek 2005, S. 20) Und als drohe die Bundesrepublik bereits in ein finsteres Mittelalter abzugleiten, appelliert Mina Ahadi in diesem Kontext gar „an die Deutschen, nicht hinter die eigenen Errungenschaften individueller Freiheiten und aufgeklärten Denkens zurückzuweichen." (2008a) Die Argumente nehmen meist Bezug auf den angenommenen Schuldkomplex, den Deutsche insbesondere wegen des Holocausts und Europäer insbesondere wegen des Kolonialismus oder des Faschismus angeblich nach wie vor mit sich herumtragen. Ziel solcher Argumentationstechniken ist es, die eigenen Sympathiewerte zu steigern und der Bevölkerung die vermeintliche Angst vor Rassismusvorwürfen zu nehmen, damit diese frank und frei Klartext gegen Muslime reden kann.

---

[3] Die Angabe basiert darauf, dass 48,5% der Deutschen der Aussage zustimmten, in Deutschland lebten zu viele Ausländer und sie sollten nach Hause geschickt werden, wenn die Arbeitsplätze knapp würden. Auch das PEW Research Center in Washington stellte im September 2008 fest, dass jeder zweite Deutsche negative Ansichten über Muslime hat, *pewglobal.org*.

2.10   Themenhopping

Bemerkenswert konfus führt Henryk Broder seine Leser in *Hurra, wir kapitulieren* (2006) durch den Text. Querbeet geht es mal um seine persönlichen Erfahrungen, dann um Jugendgewalt an deutschen Schulen, um den israelisch-palästinensischen Konflikt, um eine Episode in der US-Zeitschrift *The New Jew Review*, um den Iran, die Krawalle in französischen Vorstädten, dann wieder um Gewalt an Berliner Schulen, um Kopftuch und Kippa, um Guantanamo, den Ölpreis oder um einen im Irak enthaupteten Geschäftsmann, um nur einige Themen zu nennen, die sämtlich unter dem Stichwort „Islam" subsumiert werden. Die Abhandlung der einzelnen Aspekte ist kurz und knapp gehalten und gespickt mit manch schlüssigen und vielen absurden Kritikpunkten. Ziel ist es, entsprechend den Prinzipien der Polemik die spontane Zustimmung des Lesers zu erzielen. Bevor dieser die Angelegenheit hinterfragen kann, werden seine Gedanken bereits auf den nächsten Aspekt gelenkt. Zudem sind die Passagen häufig von Spott durchzogen. Dadurch wird dem Leser signalisiert: Leg nicht jedes Wort auf die Goldwaage, im Grundsatz stimmen die Ausführungen! Die Wirkung dieser Argumentationsstrategie lässt sich ganz gut am Fazit einer Rezension in der FAZ ablesen: „Das Buch ist eine scharfsinnige Gesellschaftsanalyse, deren Argumentation so einleuchtend, so klar, konzise und gnadenlos zwingend ist, dass selbst ärgste ‚Verfechter der Political Correctness' Probleme haben dürften, dagegen anzukommen. Sie werden versuchen, Broder Polemik vorzuwerfen." (8.10.06).

Das Vermischen von Themen bar erkennbarer Logik tritt nicht nur in inhaltlichen Gliederungen, sondern auch innerhalb einzelner Argumentationen auf. Ralph Giordano erklärt zur Begründung seiner Stellungnahmen gegen den Bau einer Moschee in Köln: „Auf dem Wege hierher musste ich einen Anblick ertragen, der meine Ästhetik beschädigt hat – eine von oben bis unten verhüllte Frau, ein menschlicher Pinguin." (2007; 2007c; 2007d). Was hat die Kritik an einem Moscheebau mit der Verhüllung einer Frau zu tun? Als verbindendes Element drängt sich eine generelle Antipathie gegen den Islam auf, die unter dem Deckmantel einer durchaus legitimen Kritik versteckt wird.

2.11   Verallgemeinerung von subjektiven Erfahrungen

Dass sich viele Muslime in Deutschland in dem Bild, das so genannte Islamkritiker von muslimischen Einwanderern zeichnen, nicht wieder finden können, liegt auch daran, dass es durch eine Vermengung von subjektiven Erfahrungen mit nicht repräsentativen Befragungen entstanden ist. In *Die fremde Braut* (2005) schildert

Necla Kelek ihre (negativen) Erlebnisse aus der Kindheit in der Türkei und der Jugend als Migrantin in Deutschland. Außerdem beruft sie sich auf circa 50 geführte Einzelinterviews mit muslimischen Frauen (Schahbasi 2005, S. 103 f.). Aus wissenschaftlicher Sicht wäre gegen eine Methode aus qualitativer Sozialforschung und *a posteriori*-Argumentation nichts weiter einzuwenden, wenn sie denn für den Leser transparent präsentiert und nicht unentwegt in verallgemeinernden Äußerungen münden würde. Die Ergebnisse qualitativer Studien lassen nur bedingt Interpretationen zu. Aber im Text finden sich reihenweise Aussagen im Stile von „in der türkisch-islamischen Gesellschaft ist" oder „im Islam sind" *et cetera*.

Auch die aus Somalia stammende niederländische Politikerin und Autorin Ayaan Hirsi Ali schreibt auf der Basis schrecklicher Kindheitserlebnisse, die sie vor allem „dem Islam" anlastet; Mina Ahadi machte als junge Frau schlimme Erfahrung in ihrem Geburtsland Iran (2008); Alice Schwarzer haben ebenfalls iranische Extremisten offenbar so sehr erschreckt, dass sie ihr Bild über die Religion des Islam bis heute nachhaltig prägen. In ihren „islamkritischen" Äußerungen kommt sie jedenfalls permanent auf das immer wieder gleiche Erlebnis zurück: ihre Reise in den Iran zur Zeit der Islamischen Revolution 1979 (2002, S. 11 ff.; 2002b, S. 173 ff.; 2003; 2004; 2007): „In diesen dramatischen drei Tagen traf ich nicht einen unter den neuen Machthabern, der nicht unmissverständlich verkündet hätte: die Überlegenheit des Islams und die Verachtung aller ‚Ungläubigen' und ihrer ‚westlichen Werte'; die Etablierung eines ‚Gottesstaats' samt Scharia; und den Schleierzwang und die Entmündigung der Frauen" (2002, S. 11). Bereits damals sei ihr klar gewesen, schreibt Alice Schwarzer, „dass die es ernst meinen. Ganz wie Hitler" (2006), aber in Deutschland wollten weder „die Fortschrittlichen, noch die Konservativen; weder die Medien, noch die Politik" auf ihre Warnungen hören – „bis zum 11. September" (2002, S. 9).

2.12 Vermischung von Theologie und kulturellen Traditionen

Insbesondere Necla Kelek sieht sich in Wissenschaftskreisen breiter Kritik wegen ihrer Vermischung von Religion und Tradition ausgesetzt.[4] In ihren Werken vermittelt sie das Bild: „[T]ürkische Identität ist muslimische Identität. Es gibt keinen Unterschied dazwischen." (2005, S. 236). Diesen Grundtenor reichert sie mit einzelnen Aussagen nach der Art an: „Die Hochzeit ist in der *türkisch-isla-*

---

[4] 71 Unterzeichner, überwiegend Wissenschaftler, kritisierten Keleks Arbeitsmethoden in einem offenen Brief in *Die Zeit*, 1.2.2006.

mischen Gesellschaft traditionell eine Sache der Eltern [Hervorhebung von mir]"
(2005, S. 16). Das ist sie aber traditionell auch in der türkisch-aramäischen, der
türkisch-jesidischen oder der türkisch-alevitischen Gesellschaft und im Grunde in
fast allen Gesellschaften der Erde,[5] allein deshalb erschließt sich hier die Verqui-
ckung von türkisch und islamisch nicht. Nach der Kritik an der Arbeitsweise erklärt Kelek zwar: „Ich bin Soziologin und mir geht es nicht um eine theologische
Diskussion. Halten wir uns deshalb an das, was im Namen des Islam gelebt wird"
(Kelek 2006a). Dennoch trifft sie weiterhin theologische Aussagen: „Es gibt im
Islam kein Recht auf eine persönliche Entscheidung" (2006b). „Ein grundlegendes
Problem des Islam ist die fehlende Trennung von Staat und Religion, die spätestens
mit der Einführung der Orthodoxie im Jahr 847 staatliche muslimische Tradition
wurde." (2007b) „Der Koran ist da eindeutig. Wenn die Frau nicht gehorcht, so
heißt es, dann schlagt sie und sperrt sie in die Gemächer." (2010). Im Rahmen der
2006/07 verliehenen Mercator-Professur der Universität Duisburg-Essen hält sie
sogar Vorlesungen in diesem Kontext, zum Beipsiel: *Islam, Religion und Reform:*
Anmerkungen zur Integration einer Religion in die Demokratie. Selbst wenn eine
saubere Differenzierung von Kultur und Religion schwierig oder aussichtslos sei,
wie Kelek meint (2007, S. 89), lässt sich ihre kulturalistische Vorgehensweise dadurch nicht legitimieren.

Ein ähnlicher Kulturalismus wie bei Kelek tritt auch bei Ayaan Hirsi Ali auf.

2.13 Aufwertung der Gewährsleute

Dass die so genannten Islamkritiker immer wieder für einander einstehen, ist nicht
nur auffällig, sondern dahinter verbirgt sich auch eine gezielte Strategie. Es geht
darum, die Qualifikation und den Leumund derjenigen aufzuwerten, die die eigenen Positionen stützen sollen. „Ihrem Mut verdanken wir alles", schwärmt Alice
Schwarzer unter anderem über Necla Kelek (Schwarzer 2006a). In einer Laudatio
anlässlich der Preisverleihung für deren Buch *Die verlorenen Söhne* erläutert sie:
„Keleks Blick ist unvoreingenommen, sachkundig [und] mitfühlend." (*corine.de*,
24.11.06) Necla Kelek, die „scharfsinnige Soziologin" (Schwarzer 2007, S. 62),
revanchiert sich für die freundlichen Worte und würdigt Schwarzer als Person, die
verhindern hilft, dass Islamverbände in Deutschland auftreten, als seien sie „auf
einem Basar, auf dem Grundgesetz gegen Koran getauscht werden" könnte. Die-

---

[5] Zwangsheiraten und arrangierte Hochzeiten sind ebenso in nicht-islamischen Regionen
wie in nicht-islamischen Religionen verbreitet; s. a. Karakaşoğlu und Subaşı 2007, S. 114 ff.;
Bielefeldt 2005, S. 13 ff.

ses Lob äußert sie im Übrigen in einer Laudatio für Henryk Broder (*achgut.com*, 14.3.08). Der hatte sie zuvor schon mehrfach gegen Kritiker in Schutz genommen. „Kelek [...] reagierte auf die Attacken mit Argumenten und einer Ruhe, wie sie Therapeuten aufbringen, die mit verhaltensgestörten Kindern zu tun haben", schreibt Broder (2006, S. 101) und unterstreicht zugleich ihre besondere Qualifikation, die er allerdings nicht an der guten Ausbildung und der sauberen Arbeitsweise festmacht, sondern die anscheinend damit zu tun hat, „[d]ass Kelek selber Türkin ist" (ebd.); ähnlich argumentiert Leon de Winter, wenn er vorgibt, Ayaan Hirsi Ali sei mit ihrer Lebensgeschichte eine Autorität, die den wahren Charakter der Religion des Islam bestimmen könne (2004, 4.12.; siehe unten)

Im Klappentext von Broders *Hurra, wir kapitulieren* (2006) liest man: „Henryk M. Broder ist einer der scharfsinnigsten Köpfe Deutschlands [...] mit erstaunlichem Horizont." Auch diese Worte stammen aus der Feder von Leon de Winter. Das ist wenig verwunderlich, wenn man weiß, dass er Broders „Lieblingsdichter" ist, wie dieser bekennt (Broder 2002), dass Broder die Laudatio hielt, als de Winter 2002 mit dem Literaturpreis der Zeitung *Die Welt* ausgezeichnet wurde (*Hamburger Abendblatt*, 9.11.02), und dass er hin und wieder Interviews mit ihm für den *Spiegel* führte (Winter 2005, 2008). „[H]och geschätzt" wird de Winter auch von Ralph Giordano (2006), und als Giordano mit der Art seiner Kritik an dem Moscheebau in Köln selbst zur umstrittenen Person wurde, springt Necla Kelek auch ihm zur Seite: „Ralph Giordano hat recht" (2007a). Er vergilt es ihr im Gegenzug und verspricht, er werde weiter kämpfen, „an der Seite so tapferer Frauen wie Mina Ahadi, Necla Kelek, Seyran Ateş, Ayyan Hirsi Ali und aller anderen friedlichen Muslima und Muslime auf der Welt." (*hpd*, 2.6.08). Dass Giordano Mina Ahadi als erste nennt, dürfte damit zu tun haben, dass beide für die „Kritische Islamkonferenz. Aufklären statt Verschleiern" am 31. Mai 2008 in Köln zusammengearbeitet haben. Zudem hatte Ahadi in einem öffentlichen Brief bereits zuvor kundgetan: „Herr Giordano, ich habe großen Respekt vor [...] Ihrem Mut, wie Sie in aller Öffentlichkeit der aggressiven Herausforderung entgegentreten, die der Islam als eine totalitäre Religion und Weltanschauung darstellt" (*ex-muslime.de*, 6.6.07); allerdings dürfte zumindest Mina Ahadi als Gründungsmitglied des Zentralrates der *Ex-Muslime* über die Aussage, sie sei ebenfalls eine friedliche *Muslima*, nicht wirklich glücklich sein. Udo Ulfkotte betont ganz frei heraus: „Der Holocaust-Überlebende Ralph Giordano und die Vorsitzende des Zentralrates der Ex-Muslime, Mina Ahadi, sind Stimmen, die öffentlich auf die schlimme Lage [der Islamisierung Europas] aufmerksam machen. Wir kennen uns gut, wir schätzen uns. Wir treffen uns und wir sprechen über die Entwicklung." (2009, S. 374).

2.14   Falsche Vergleiche

Eine beliebte rhetorische Figur, um Standpunkte zu verdeutlichen und zu unter-
mauern, ist der Vergleich. Grundvoraussetzung für einen seriösen Gebrauch ist
die Vergleichbarkeit der Sachverhalte; jeder kennt die Redensart, Äpfel mit Bir-
nen vergleichen. Die Vergleichbarkeit von Sachverhalten ist jedoch nicht immer
eindeutig und beruht bisweilen auf Auslegung. In bestimmten Fällen lässt sich
die Vergleichbarkeit ohne das nötige Fachwissen nicht selbstständig überprüfen.
Vergleiche bergen daher häufig Fehler, bieten sich aber auch besonders gut zum
Missbrauch an. Meistens entstehen falsche Anwendungen aus einem historischen
Kontext heraus: Alice Schwarzers Vergleich des Kopftuchs mit dem so genannten
Judenstern (2006) etwa ist nicht nur gewagt, sondern entbehrt jeglicher fachlichen
Kenntnis. Weder in der Bedeutung, noch in der menschenverachtenden Absicht
hinter dem gesetzlich unter Strafe gestellten Tragezwang des Judensterns (*Polizei-
verordnung über die Kennzeichnung der Juden*, Verordnung vom 1.9.1941) besteht
eine Vergleichbarkeit. Es handelt sich beim Judenstern zudem um eine von außen,
von Nicht-Juden erzwungene Stigmatisierung. Das Kopftuch ist hingegen eine
vor Jahrhunderten von innen heraus zum Zwecke des Schutzes entwickelte Klei-
derordnung, für die sich viele Frauen auch heute aus freiem Willen entscheiden
(Kaddor 2009). Dass manche Frauen tatsächlich zum Kopftuchtragen gezwungen
werden, kann diesen Vergleich nicht legitimieren. Nicht nur geschichtliche Hinter-
gründe führen zu falschen Vergleichen. Um nachzuweisen, dass die Debatte über
eine gesetzliche Gleichbehandlung von Kippa, Kruzifix und Kopftuch in öffentlichen Schulen unlogisch ist, argumentiert Henryk Broder: „Es käme auch niemand
auf die Idee, die synchrone Entwaffnung sowohl der Polizei wie der Unterwelt zu
verlangen, um fair zu allen zu sein und die Gefahr bewaffneter Auseinandersetzungen zu bannen." (2006, S. 46 f.) Ähnlich abstrus ist der Vergleich: „Wer ein Auto
klaut und damit einen Menschen an einer Kreuzung totfährt, der ist ein Verbrecher.
Wer sich mit einer Bombe im Rucksack in einem Bus in die Luft sprengt und
andere Passagiere mitnimmt, der ist ein Märtyrer, ein gedemütigter, erniedrigter,
verzweifelter Mensch, der sich nicht anders zu helfen wusste." (ebd. S. 9)
Spezielle Formen des falschen Vergleichs sind die folgenden:

Anachronismus

In der Zeit vor rund 1.400 Jahren, als die Religion des Islam ihren Ausgang nahm,
waren die Lebensumstände auf der arabischen Halbinsel andere als im heutigen
Europa. So trivial diese Feststellung klingen mag, der Hinweis hat dennoch mit

Blick auf die so genannte Islamkritik seine Berechtigung. Immer wieder werden Werte, Normen und Traditionen, die die Menschen damals kannten und pflegten, an den gegenwärtigen moralisch-ethischen Grundsätzen des westlichen Kulturraums gemessen. Trotz solcher einfachen Überlegungen wird der Religionsstifter Muhammad in Anspielung auf die Überlieferung, wonach seine dritte Frau Aisha beim Vollzug der Ehe neun Jahre alt gewesen sein soll, in der Argumentation von *Politically Incorrect* als „Pädo-Mohammed" oder „Kinderficker" verunglimpft;[6] in dem Kontext sei auch an die österreichische Kommunalpolitikerin erinnert, die in einer viel beachteten Wahlkampfrede erklärt hatte, „im heutigen System" wäre Muhammad „ein Kinderschänder." (*SZ*, 15.1.08). Auch Necla Kelek bedient sich des Prinzips anachronistischer Vergleiche: Im Streit um Moscheebauten versucht sie den Fortbestand alter Hinterhofmoscheen mit einem Vergleich zu Muhammads „Ur-Moschee" zu rechtfertigen, die auch nur in einem Wohnhaus in Medina untergebracht gewesen sei (2007a).

Ausländische Vergleiche

Saudi-Arabien ist eine absolute Monarchie. Der Staat basiert auf einer streng orthodoxen und dogmatischen Auslegung islamischer Quellen. Das Land wendet die Todesstrafe durch Enthaupten an. Deutschland ist demgegenüber eine parlamentarische Demokratie. Der Staat will religiös und weltanschaulich neutral sein. Es gilt der Grundsatz der Verhältnismäßigkeit. Der Staatsaufbau und die politische Kultur beider Länder differieren also deutlich von einander, eine vernünftige Vergleichsbasis für das politische Handeln innerhalb derart unterschiedlicher Systeme ist nicht gegeben. Von daher ist jede Form von Reziprozität unzulässig. Doch dessen ungeachtet stößt man häufig auf Versuche, das Handeln hier und dort gegeneinander aufzuwerten. Bei Udo Ulfkotte gehört diese Argumentationstechnik zum Grundprinzip seines Buchs *SOS Abendland* (2009). Ein weiterer Gewährsmann ist Henryk Broder: Während in Deutschland „rund 2000 Moscheen" errichtet werden durften, stellt „in Saudi-Arabien schon der Besitz einer Bibel ein unkalkulierbares Risiko" dar (2006, S. 29 f.). Broder spielt mit dem Gedanken, *Deutschland* solle wieder in autoritäre Zeiten zurückfallen – oder zumindest darüber nachdenken –

---

[6] Kinderheiraten – gerade auch zwischen Mädchen zu Beginn ihrer Pubertät und älteren Männern – sind in der Weltgeschichte nicht ungewöhnlich. Sie treten in verschiedenen Kulturen auf, insbesondere in Hindu-Traditionen, Monger 2004, S. 7 ff., 62 ff.; Scott 1953. Jahrhunderte lang war es übrigens auch bei orientalischen Christen üblich, dass man Mädchen oft schon vor Eintritt der ersten Periode verheiratet hat, da man ihre Jungfräulichkeit dann noch für sicher hielt (Walther 2004).

und Teile seiner eigenen Bevölkerung schlechter als andere stellen, solange *Saudi-Arabien* keine freiheitliche, religiös neutrale Grundordnung umgesetzt hat. Selbst bei Deutschland und der Türkei muss man sich die Frage stellen, wie hilfreich kann angesichts der unterschiedlichen Staatsphilosophie ein Vergleich etwa im Hinblick auf die Errichtung von Sakralbauten sein? (Giordano 2007) Derartige Argumentationen erinnern letztlich mehr an eine trotzige Anwendung des archaischen Talionsprinzips als an einen Beitrag zur Konfliktlösung.

2.15   Kollektivhaft

Leon de Winter schreibt über Ayaan Hirsi Ali, sie sei aus eigener Entscheidung untergetaucht, da sie wegen ihrer Einstellung zum Islam um ihr Leben fürchte. Dann nimmt er Bezug auf ein Interview, darin „sagte Ayaan, daß der Islam ‚in seiner reinsten Form lebensgefährlich ist'. Stimmt das, dann müssen wir stringente Maßnahmen ergreifen. Stimmt es nicht, sagt Ayaan also die Unwahrheit, dann braucht sie keinen Sicherheitsschutz, dann ist der Islam eine Friedensreligion, und Muslime würden so eine Irre niemals ermorden wollen. Und nun entscheiden Sie!" (2004, 4.12.) Freilich hat der Leser nicht die Wahl zu entscheiden. Die Antwort steht durch de Winters fehlerhafter Argumentation längst fest. Abgesehen von den offenkundigen Suggestionsversuchen (siehe unten) fordert der Autor nichts Geringeres, als dass alle Muslime – selbst der friedlichste Mystiker – „stringente Maßnahmen" gegen sich erdulden müssten, wenn irgendeine Einzelperson, die selbst oder deren Familie an den Islam glaubt, Hand an Hirsi Ali legen würde – *pars pro toto*. De Winter spannt den Bogen noch weiter: „Islam ist Frieden, verkündeten die Demonstranten in Köln. Wissen das auch die islamischen Milizen in Darfur? Und die islamischen Kopfabschneider in Algerien? [...] In Köln hätte also die Parole lauten müssen: Islam hat Frieden zu sein." (2004, 23.11.) Ergo, Muslime sollen neben den Vorfällen im eigenen Land auch für Gewaltexzesse in der ganzen Welt haftbar gemacht werden. Ziel solcher Argumentationen ist in der Regel, etwaige Zugeständnisse an Glaubensanhänger seitens des Staates zu verhindern. Henryk Broder spricht dies mit Blick auf Moscheebauten explizit aus: „Ich bin strikt dagegen, in Vorleistung zu gehen, solange in muslimischen Ländern Christen verfolgt werden oder Salman-Rushdie-Puppen brennen." (2007b).

2.16   Islam, Islamismus und islamischer Fundamentalismus

Bei dieser Argumentationstechnik geht es nicht um die häufig fehlende Differenzierung zwischen den Begriffen[7], sondern darum, dass fundamentalistische und islamistische Einstellungen als typische Denkweise von Muslimen dargestellt werden. Mina Ahadi teilt freimütig mit, dass sie ihren „Kampf" gegen „den Islam" auf Erfahrungen gründet, die sie als Verfolgte unter der „Diktatur der Mullahs" im Iran erlebt hat (2008, S. 21), und fährt fort: „Nun sehe ich den Einfluss des politischen Islam in Deutschland [womit die hiesigen Islamverbände gemeint sein dürften – vgl. ebd. S. 9; 91] wachsen und nach mir und meinen Töchtern greifen". Mina Ahadi verbreitet also die Vorstellung, dass Islam im qua Verfassung demokratischen und weltanschlaulich-religiös neutralen Deutschland das Gleiche bedeute wie Islam im autoritär-theokratischen Iran, der überdies auch noch schiitisch geprägt ist, während die Mehrheit der Muslime in Deutschland sunnitisch ist; eine repräsentative Studie der Bertelsmann-Stiftung entwirft, nebenbei bemerkt, ein ganz anderes Bild: Danach ist Religiosität bei Muslimen in Deutschland weit weniger politisch, als man es bislang wahrgenommen hat (*Religionsmonitor* 2008, S. 20); zudem seien Muslime weniger konservativ, als oft vermutet werde; 53 % lehnten beispielsweise das symbolträchtige Kopftuchtragen ab – darunter Männer zu 56 und Frauen zu 50 %. Alice Schwarzer verfolgt eine weitere Methode, um dasselbe Ziel zu erreichen. Ihr zufolge sind Teestuben, Sportclubs, Kulturvereine, Koranschulen und Moscheen – also eigentlich alle Freizeitstätten, die häufig von Muslimen besucht werden – „zunehmend fundamentalistisch" unterwandert worden, um ein „umfassendes Netz" in Deutschland aufzubauen (2007, S. 58). Woher sie die Information hat, sagt sie nicht.

2.17   Suggestion

„Dürfen fromme Juden von Nicht-Juden den Verzicht auf Schweinefleisch verlangen? [...] Darf ein Hindu Amok laufen, weil die Schweizer die Heiligkeit und Unantastbarkeit der Kuh nicht anerkennen?" So fragt Henryk Broder im Zusammenhang mit dem Karikaturenstreit 2005/2006 (2006, S. 28) und projiziert das zu erwartende, kategorische Nein auf diese Fragen auf Muslime, denen er unterstellt,

---

[7] Mit Islamismus in Abgrenzung zu islamischem Fundamentalismus ist eine moderne politische Ideologie gemeint (ähnlich dem Nationalismus, Sozialismus, Liberalismus), die den Islam – meist in konservativer Auslegung – als integrative Kraft und als Bezugsgröße für die Gestaltung einer Gesellschaft begreift. Islamischer Fundamentalismus bezeichnet hingegen eine Form der Schriftgläubigkeit, die auf den äußeren Wortsinn der geoffenbarten Texte abhebt und diesen gegen wandelnde Deutungen verteidigt, vgl. Halm (1995).

dass sie vergleichbar Absurdes verlangten und in Mordsucht verfielen, wenn man es ihnen verweigern würde. Indem Broder diesen Vorwurf nicht direkt erhebt, sondern stattdessen plakative Beispiele aus anderen Kontexten (Judentum, Hinduismus) bringt und diesen ferner einen karikierenden Anstrich verleiht, erscheint es so, als seien maßlose Forderungen seitens der Muslime heute derart selbstverständlich, dass allein die explizite Erwähnung dessen lächerlich wäre. Broder schreibt auf Seite 12 seines Buchs *Hurra, wir kapitulieren*: „Heute [...] hat das Landesschulamt ganz andere Sorgen: Schulen mit einem achtzigprozentigem Anteil an ,Schülern mit Migrationshintergrund', wo SchülerInnen mit deutschem bzw. christlichem Hintergrund in der Minderheit sind und deswegen als ,Schlampen', ,Nutten' und ,Schweinefleischfresser' angepöbelt werden." Hier werden dem Leser mindestens zwei Vorurteile untergeschoben: 1. Die Aggressionen gehen im Allgemeinen von Kindern mit Migrationshintergrund aus (siehe oben). 2. Es handelt sich im Speziellen um Anhänger des Islam, denn „Schlampe", „Hure" könnten gewiss auch italienische, griechische oder russische Christen schimpfen, aber da sie auch „Schweinefleischfresser" sagen, muss es sich primär um Muslime handeln, denen der Genuss dieser Fleischsorte bekanntlich verboten ist; gesetzt den Fall, dass er hier nicht auf Juden, denen der Genuss ebenso untersagt ist, abhebt.

Seit mehreren Jahren wird Ralph Girodano nicht müde zu fragen: „Wo sind wir denn, dass wir uns überlegen müssten, ob unser Tun und Handeln radikalen Muslimen gefällt oder nicht? [...]" (2007b, 2008a). Mit Nachdruck vermittelt er so das groteske Bild, als ließen sich staatliche und gesellschaftliche Institutionen in Deutschland tatsächlich im Sinne einer Oligarchie von Muslimen mit Forderungen über das gesetzlich garantierte Maß an gesellschaftlicher Partizipation hinaus systematisch dirigieren.

2.18   Legendenbildung

Bisweilen überschlagen sich die Protagonisten bei ihrer übersteigerten Suche nach immer skandalträchtigeren Belegen für ihre „islamkritischen" Annahmen. Dann lassen sie sich zu sonderbaren Argumentationen verleiten oder übernehmen bedenkenlos irgendwelche Geschichten. Henryk Broder (2007) und Udo Ulfkotte (2007a) verbreiten das Gerücht, wonach Banken und Sparkassen angeblich Sparschweine abschaffen, um die religiösen Gefühle von Muslimen nicht zu verletzen. Die Erzählung geht auf britische Presseberichte zurück, die wenige Tage später als Ente entlarvt wurden. In einem anderen Beispiel erläutert Necla Kelek ihrem Gegenüber in einem Interview: „[W]er schwimmen kann, kann sich im Notfall selbst über Wasser halten. Das sollen Mädchen und Frauen aber nicht, weil sie Teil einer Gemeinde sind, die über sie verfügt. Sie dürfen nicht schwimmen lernen oder können, weil sie vielleicht dann noch anfangen, wegzuschwimmen." (2006c).

Fazit

3

Die Debatte um die Religion des Islam krankt an vielen Stellen. Unter dem Deckmantel legitimer Religionskritik werden zum Teil menschenverachtende Sichtweisen transportiert. Das wird besonders deutlich, wenn man sich, wie hier geschehen, konkret mit den so genannten Islamkritikern beschäftigt. Dieser Beitrag hat gezeigt, wie die Protagonisten mit ideologisierten und falschen Argumentationsstrategien arbeiten. Wenn sie auf solche unsachlichen Techniken zurückgreifen müssen, stellt sich die Frage, wie viel von ihrer „Islamkritik" am Ende übrig bleibt? Selbstverständlich kann man argumentieren, dass eine Necla Kelek dazu beigetragen hat, auf die Notlage bestimmter muslimischer Frauen in Migrantenfamilien hinzuweisen. Inwiefern aber ihre Pauschalisierungen und unqualifizierten Äußerungen zur Religion des Islam zugleich anderen das Leben/die Integration erschwert haben, lässt sich nur erahnen. Nimmt man die nachweisbare Einflussnahme auf die Politik aus: Wie lässt sich feststellen, ob etwa ein Ausbildungsvertrag platzt, weil der Arbeitgeber sich von den Schreckensberichten so genannter Islamkritiker davon abhalten lässt, Muslime einzustellen? Oder ob Lehrer muslimische Schüler (unbewusst) benachteiligen, weil sie sich von den verbreiteten Vorurteilen beeindrucken lassen? Auch Fragen nach den Absichten der verbalen Aggressionen eines Henryk Broder oder Ralph Giordano müssen gestellt werden. Dabei darf deren persönliche Vergangenheit die Antwort nicht vorweg nehmen. Niemandes Handeln ist allein wegen seiner Biografie unantastbar.

Das Stichwort Islam sorgt seit Jahren bei westlichen Medienvertretern und Buchverlagen für reflexartiges Handeln. Nahezu jedes Thema, jedes Phänomen wird aufgegriffen. Islam ist *en vogue*. Die Religion bietet ein ideales Angriffsziel. Anhänger aller übrigen Glaubensrichtungen und Vertreter jeglicher politischer

© Springer Fachmedien Wiesbaden 2015
T. G. Schneiders, *Wegbereiter der modernen Islamfeindlichkeit,* essentials,
DOI 10.1007/978-3-658-07974-1_3

Couleur können sich Nationen übergreifend gegen sie verbünden. Islam(-kritik) ist Garant für Aufmerksamkeit und wirkt in bestimmten Kreisen gemeinschaftsfördernd und identifikationsstiftend. Die Ursachen für das Aufheben, das um diese Religion und ihre Anhänger gemacht wird, sind zum einen die gesellschaftlichen Abgrenzungsbestrebungen sowie die vielen Konflikte in der islamischen Welt, die unter anderem durch Migranten mit ins Ausland getragen werden. Zum anderen sind es die Extremisten, die sich weltweit mit terroristischen Gewaltakten und provozierendem Verhalten immer wieder neu auf „den Islam" berufen, sowie die teilweise verzerrte Rezeption solcher Vorfälle durch die (Medien-)Öffentlichkeit.

Was Sie aus diesem Essential mitnehmen können

- Hilfe beim Erkennen von Islamfeindlichkeit in öffentlichen Debatten.
- Es gibt Personen, die vorgeben, Islamkritiker zu sein, aber statt fundierte Kritik zu üben, schüren sie in erster Linie Vorurteile.
- Es gibt bestimmte, immer wiederkehrende fehlerhafte Argumente in der Islamkritik.
- Viele dieser Argumente erscheinen auf den ersten Blick schlüssig und erst bei näherer Betrachtung stellt sich heraus, dass sie wenn überhaupt nur eingeschränkt gelten – etwa wenn man sie auf Gewalttäter im Namen der Religion bezieht.
- Einen Erklärungsansatz für die Vorbehalte mancher Muslime gegenüber der Mehrheitsgesellschaft in Deutschland, Österreich und der Schweiz.

© Springer Fachmedien Wiesbaden 2015
T. G. Schneiders, *Wegbereiter der modernen Islamfeindlichkeit*, essentials,
DOI 10.1007/978-3-658-07974-1

Literatur

Adorno, Theodor. 1975. Schuld und Abwehr. In *Gesammelte Schriften*, Bd. 9/2, Hrsg. Theodor Adorno und Rolf Tiedemann. Frankfurt a. M.

Bertelsmann Stiftung, Hrsg. 2008. *Religionsmonitor 2008. Muslimische Religiosität in Deutschland. Überblick zu religiösen Einstellungen und Praktiken.* Gütersloh.

Bielefeldt, Heiner. 2005. *Zwangsheirat und multikulturelle Gesellschaft. Anmerkungen zur aktuellen Debatte.* Berlin.

Cahen, Claude. 1965. Art. „Dhimma". In *Encyclopaedia of Islam*, 2. Aufl., Bd. II, 227–231. Leiden.

EUMC [European Monitoring Centre on Racism and Xenophobia], Hrsg. 2006. *Muslime in der Europäischen Union: Diskriminierung und Islamophobie.* Wien.

Friedmann, Alexander. 2007. Giftige Worte. Über den Gebrauch der „Keule" als Keule. Das Jüdische Echo 12, S. 115–117.

Gerö, Stephen. 2003. Christen in der islamischen Welt und ihre Verwicklung in globale Konflikte. In *Der Bürger im Staat: Islam und Globalisierung*, Hrsg. Landeszentrale für politische Bildung Baden-Württemberg, 121–124. (2/3(2003)).

Halm, Heinz. 1995. Islam und Islamismus. Eine notwendige Begriffsklärung. *Evangelische Kommentare* 3:147–149.

Hegasy, Sonja und René Wildangel. 2004. Des Führers Mufti. Der Begriff des Islamofaschismus ist historisch nicht korrekt. *Süddeutsche Zeitung* (8./9.5.2004).

Heitmeyer, Wilhelm. Hrsg. 2006. *Deutsche Zustände. Folge 5.* Frankfurt a. M.

Jäger, Torsten. 2007. Muslimische Mädchen und der Schwimmunterricht. *interkultureller-rat.de* 8.

Kaddor, Lamya. 2009. *Muslimisch, weiblich, deutsch. Mein Leben für einen zeitgemäßen Islam.* München [im Druck].

Karakaşoğlu, Yasemin, und Subaşı Sakine. 2007. Ausmaß und Ursachen von Zwangsverheiratungen in europäischer Perspektive. Ein Blick auf Forschungsergebnisse aus Deutschland, Österreich, England und der Türkei. In *Zwangsverheiratung in Deutschland*, Hrsg. BMFSFJ, 99–126. Baden-Baden: Nomos.

Leggewie, Claus. 2007. Wider das wachsende Misstrauen. *Die Tageszeitung*, 30. Januar.

Leibold, Jürgen u. a. 2006. Abschottung von Muslimen durch generalisierte Islamkritik? *Aus Politik und Zeitgeschichte*, 1. Februar.

© Springer Fachmedien Wiesbaden 2015
T. G. Schneiders, *Wegbereiter der modernen Islamfeindlichkeit*, essentials,
DOI 10.1007/978-3-658-07974-1

Meyer, Egbert. 1980. Anlaß und Anwendungsbereich der *taqiyya*. *Der Islam* 57:246–280.

Monger, George. 2004. *Marriage customs of the world. From henna to honeymoons*. Santa Barbara.

Putzke, Holm. 2014. Die Beschneidungsdebatte aus Sicht eines Protagonisten. Anmerkungen zur Entstehung und Einordnung des Beschneidungsurteils sowie zum Beschneidungsparagrafen (§ 1631d BGB) und zu seinen Konsequenzen. In *Die Beschneidung von Jungen: Ein trauriges Vermächtnis*, Hrsg. Matthias Franz, 319–357. Göttingen.

Schäfers, Bernhard, und Alexa M. Kunz. 2006. *Stadtsoziologie. Stadtentwicklung und Theorien- Grundlagen und Praxisfelder*. Wiesbaden.

Schahbasi, Alexander. 2005. Necla Kelek: Die fremde Braut, Rezension. *Österreichische Zeitschrift für Soziologie* 30:3.

Scheichl, Sigurd Paul. 2007. Art Polemik. In *Reallexikon der deutschen Literaturwissenschaft: Neubearbeitung des Reallexikons der deutschen Literaturgeschichte*, Hrsg. Jan-Dirk Müller u. a. Bd. 3, Berlin. (Nachdr. d. Ausg. 1955–652).

Schmitz, Bettina, und Peter Prechtl, Hrsg. 2001. *Pluralität und Konsensfähigkeit*. Würzburg.

Schneiders, Thorsten Gerald. 2006. *Heute sprenge ich mich in die Luft. Suizidanschläge im israelisch-palästinensischen Konflikt. Ein wissenschaftlicher Beitrag zur Frage des Warum*. Münster.

Scott, George Ryley. 1953. *Curious customs of sex and marriage*. London.

Senatsverwaltung für Bildung, Jugend und Sport, Hrsg. 2005. *Bildung für Berlin. Gewaltsignale an Berliner Schulen 2004/2005*. Berlin.

Shakush, Mohammed. 2010. Der Islam im Spiegel der Politik von CDU und CSU. Aspekte einer komplizierten Beziehung. In *Islamfeindlichkeit. Wenn die Grenzen der Kritik verschwimmen*, Hrsg. Thorsten Gerald Schneiders, 377–391. Wiesbaden.

Strauss, Gerhard u. a. 1989. *Brisante Wörter von Agitation bis Zeitgeist: Ein Lexikon zum öffentlichen Sprachgebrauch*. Berlin.

Strothmann, Rudolf, und Moktar Djebli. 1998. Art. „Taá͗iyya". In *Encyclopaedia of Islam*, 2. Aufl., Bd. X, Leiden. 134–136.

Treibel, Annette. 2006. Islam, Muslime, Islamismus. In *Die Produktivität des sozialen- den sozialen Staat aktivieren. Sechster Bundeskongress soziale Arbeit*, Hrsg. Karin Bollert. Wiesbaden.

Walther, Wiebke. 2004. Die Zwangsheirat aus islamischer Sicht. In *Zwangsheirat. Maßnahmen gegen eine unehrenhafte Tradition*, Hrsg. Die Ausländerbeauftragte der Landesregierung Baden-Württemberg. Stuttgart.

Wirth, Hans-Jürgen. 2007. Macht, Narzissmus und die Sehnsucht nach dem Führer. *Aus Politik und Zeitgeschichte* 11:13–18.

Untersuchtes Material

Ahadi, Mina. 2007. *Kölnische Rundschau*, 20. März.

Ahadi, Mina. 2007a. Der Islam ist vergleichbar mit dem Faschismus, Interview von Hannelore Crolly. *Welt online*, 9. August.

Ahadi, Mina. 2008a. „Warum ich dem Islam abgeschworen habe" von Sina Vogt. *Die Welt*, 24. Februar.

Ahadi, Mina, und Sina Vogt. 2008. *Ich habe abgeschworen. Warum ich für die Freiheit und gegen den Islam kämpfe.* München: Heyne.

Broder, Henryk M. 2004. Der Schmock der Woche, nein der Megaschmock des Jahres. […] ein Prof., der nicht bis drei zählen kann. *henryk-broder.de* [inzwischen vom Netz genommen].

Broder, Henryk M. 2006. *Hurra, wir kapitulieren. Von der Lust am Einknicken.* Berlin: wjs.

Broder, Henryk M. 2007. Broder, oder! Henryk M. Broder über Kitsch in Religionen [Video]. *watchberlin.de*, 26. April.

Broder, Henryk M. 2007a. ‚Was wir im Islam bräuchten, wäre eine Form von Unterhaltung, Kitsch und Trivialisierung', Interview von Jakob Buhre und Martin Schubert. *planetinterview.de*, 24. Januar.

Broder, Henryk M. 2007b. ‚Eine Moschee für eine Kirche', Interview von Tobias Kaufmann. *Kölner Stadtanzeiger*, 22. Juni.

Broder, Henryk M. 2008. ‚Köln war eine Kapitulation', Interview von Hildegard Stausberg. *Die Welt*, 25. September.

Broder, Henryk M. 2008a. „Provokateur sieht Eurabien kommen" von Michael Meier. *Tagesanzeiger*, 16. Mai.

Giordano, Ralph. 2006. Was uns hier zusammenführt, ist die Liebe zu Israel, *keren-hayesod.de*, 24. März.

Giordano, Ralph. 2007. ‚Stoppt den Bau dieser Moschee', Interview von Franz Sommerfeld, aufgezeichnet von Helmut Frangenberg. *Kölner Stadtanzeiger online*, 16. Mai.

Giordano, Ralph. 2007a. Offener Brief an Frank-Walter Steinmeier. *hpd*, 23. November.

Giordano, Ralph. 2007b. Nein und dreimal nein! *FAZ online*, 1. Juni.

Girodano, Ralph. 2007c. Die Geschichte des Islam ist eine einzige Entwürdigung der Frau, Interview von Elke Durak. *Deutschlandfunk*, 23. Mai.

Girodano, Ralph. 2007d. Nein, und dreimal nein. *FAZ*, 1. Juli.

Giordano, Ralph. 2008. ‚Nicht die Migration, der Islam ist das Problem.' Eröffnungsrede zur ‚Kritischen Islamkonferenz. Aufklären statt Verschleiern' am 31. Mai 2008 in Köln-Lindenthal. *hpd*, 2. Juni.

Giordano, Ralph. 2008a. Stoppt die Großmoscheen in Deutschland! *Die Welt*, 25. Oktober.

Giordano, Ralph. 2008b. ‚Nicht die Moschee, der Islam ist das Problem.' Erklärung zum ‚Anti-Islamisierungskongress' von ‚Pro Köln' am 19./20. September 2008 in Köln. *hpd*, 19. September.

Giordano, Ralph. 2008c. Sieg' oder ‚Versagen'. Demoverbot in Köln, dpa. *FAZ online*.

Kelek, Necla. 2005. *Die fremde Braut. Ein Bericht aus dem Inneren des türkischen Lebens in Deutschland*, 6. Aufl., Köln: Kiepenheuer & Witsch.

Kelek, Necla. 2006. *Die verlorenen Söhne. Plädoyer für die Befreiung des türkisch-muslimischen Mannes.* Köln: Kiepenheuer & Witsch.

Kelek, Necla. 2006a. Europa als Chance. Muslimische Frauen auf dem Weg in die Moderne. Vortrag gehalten in Wien am 8. Juni 2006, in *weltstadtwien.org*.

Kelek, Necla. 2006b. Wir brauchen ein Kopftuchverbot an Grundschulen. Interview von Mariam Lau. *Welt online*, 26. September.

Kelek, Necla. 2006c. Ihr schützt eure Kinder nicht, Interview von Alexander U. Mathé und Ina Weber. *Wiener Zeitung*, 2. September.

Kelek, Necla. 2006d. Eure Familien, unsere Familien. *FAZ*, 24. Februar.

Schwarzer, Alice. 2002. Die falsche Toleranz. In *Die Gotteskrieger und die falsche Toleranz*, Hrsg. Alice Schwarzer, 9–19. Köln: Kiepenheuer & Witsch.

Schwarzer, Alice. 2002a. Der Fall Ludin. In *Die Gotteskrieger und die falsche Toleranz*, Hrsg. Alice Schwarzer, 129–137. Köln: Kiepenheuer & Witsch.

Schwarzer, Alice. 2002b. Tage in Teheran. In *Die Gotteskrieger und die falsche Toleranz*, Hrsg. Alice Schwarzer, 173–181. Köln: Kiepenheuer & Witsch.

Schwarzer, Alice. 2003. Die Machtprobe. *Der Spiegel,* 26.

Schwarzer, Alice. 2004. Augen fest verschlossen, Interview von Michaela Schießl und Caroline Schmidt. *Der Spiegel* 47.

Schwarzer, Alice. 2006. Die Islamisten meinen es so ernst wie Hitler, Interview von Frank Schirrmacher. *FAZ*, 4. Juli.

Schwarzer, Alice. 2006a. Ihrem Mut verdanken wir alles. Ayaan Hirsi Ali, Necla Kelek und Seyran Ates riskieren ihr Leben. *FAZ*, 11. Juni.

Schwarzer, Alice. 2007. *Die Antwort*. Köln: Kiepenheuer & Witsch.

Ulfkotte, Udo. 2007. „Die Angst vor der schleichenden Islamisierung", Interview von Fabian Löhe. *Focus online*, 5. April.

Ulfkotte, Udo. 2007a. „Der Kreuzritter", von Astrid Geisler. *taz*, 18. Juli.

Ulfkotte, Udo. 2007b. „Autor Ulfkotte plant antiislamische Partei", Interview von Jan-Philipp Hein. *Spiegel online*, 16. März.

Ulfkotte, Udo. 2007c. „Der Dampf der Kulturen", Interview von Fredy Gareis. *Der Tagesspiegel*, 26. April.

Ulfkotte, Udo. 2008. Integrationserfolge? Die Schattenseiten des islamischen Kulturkreises. *kopp-verlag.de*, 25. April.

Ulfkotte, Udo. 2009. SOS Abendland. Die schleichende Islamisierung Europas, 5. Aufl. Rottenburg: Kopp.

de Winter, Leon. 2004. Holländisches Tagebuch [täglich Kolumne in 24 Folgen]. *Die Welt*, 19. November.

de Winter, Leon. 2004a. Wacht auf, wir sind im Krieg. *Cicero*, 8/2004.

de Winter, Leon. 2004b. Vor den Trümmern des großen Traums. *Die Zeit*, 48 .

de Winter, Leon. 2005. „Manchmal haben wir nur die Wahl zwischen Desaster und Katastrophe", Interview von Henryk M. Broder. *Spiegel online*, 1. August.

de Winter, Leon. 2005a. Mörderische Frömmigkeit. *Der Spiegel*, 29).

de Winter, Leon. 2007. Wie ein Bild ins Herz der westlichen Welt trifft. *Spiegel online*, 19. November.

de Winter, Leon. 2008. Die Ruhe vor dem Sturm, Interview von Martin Doerry und Henryk M. Broder. *Der Spiegel*, 29.

Zusätzliche beachtete Texte

Broder, Henryk M. 2002. Leons Geheimnis. Eine Laudatio auf Leon de Winter, dem am 8.11. der Literaturpreis der WELT verliehen wurde. www.henryk-broder.de, 11. November.

Broder, Henryk M. 2005. Herr K[...] kriegt 'ne Krise. *achgut.de*, 4. November.

Broder, Henryk M. 2005a. Herr bzw. Frau K. stellt klar. *achgut.de*, 24. Oktober.

Girodano, Ralph. 2006. Was uns hier zusammenführt, ist die Liebe zu Israel. *keren-hayesod. de*, 24. März.

Printed by Printforce, the Netherlands